ADIVINANZA

LOS MEJORES DEPORTISTAS
EN ELLAS PARTICIPARÁN
COMPITIENDO Y ESFORZÁNDOSE
PARA EL TRIUNFO ALCANZAR.

NOMBRE: FECHA:

Ficha 1

- Escucha y aprende la adivinanza.
- Colorea la casilla de la imagen que muestra la solución.

DIBUJO DE LAS OLIMPIADAS

(ANTES DEL PROYECTO)

NOMBRE: FECHA:

Ficha 2

- Dibuja cómo crees que son las olimpiadas.

¿QUÉ SABEMOS?

-

-

NOMBRE: FECHA:

Ficha 3

- ¿Qué sabes de las olimpiadas? Conversa con tus compañeros sobre las cosas que conocéis.
- Pega en la página el listado de las cosas que sabéis acerca de las olimpiadas.

¿QUÉ QUEREMOS SABER?

-

-

NOMBRE: FECHA:

Ficha 4

- Conversa con tus compañeros sobre las cosas que queréis aprender acerca de las olimpiadas.
- Pega en la página el listado de las cosas que os gustaría saber.

EL NOMBRE

O	L	I	M	P	I	A	D	A	S

NOMBRE: FECHA:

Ficha 5

- Observa los dibujos y conversa en grupo: ¿qué representan?, ¿cuál es la letra inicial de cada uno?
- Repasa las vocales para completar la palabra OLIMPIADAS.

COMENZARON EN GRECIA

EN UNA CIUDAD LLAMADA OLIMPIA.

NOMBRE: FECHA:

Ficha 6

- Observa la imagen y explica qué ves: ¿qué es?, ¿dónde está el mar?, ¿y la tierra?, ¿hay algún punto señalado en el mapa?, ¿hacia dónde crees que se dirigen los atletas?
- Coloca la pegatina del atleta junto a la ciudad de Olimpia.

PEGATINA

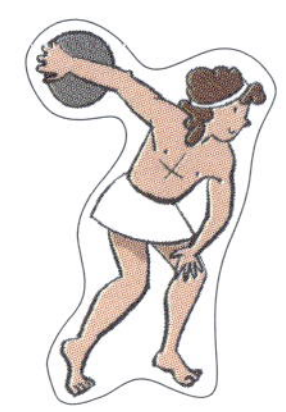

LOS ATLETAS HACÍAN UN JURAMENTO

NOMBRE: FECHA:

Ficha 7

- Observa la ficha y descríbela: ¿dónde crees que están estas personas?, ¿qué hace el personaje que está frente a la estatua de Zeus?, ¿quién será?...
- Busca las tres diferencias y rodéalas en la escena marcada con un círculo amarillo.

LOS VENCEDORES ERAN PREMIADOS

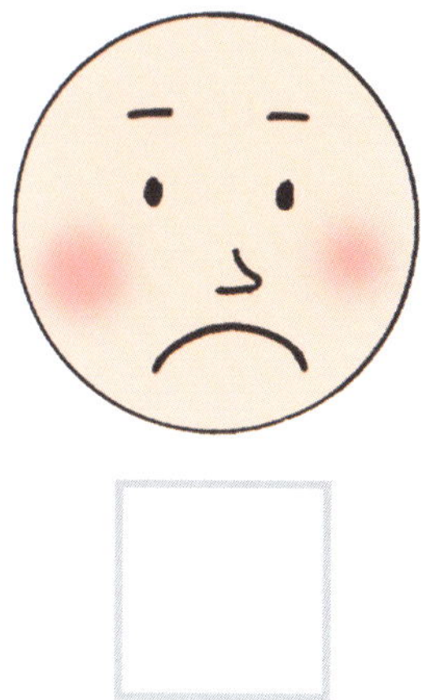

NOMBRE: FECHA:

Ficha 8

- Describe la imagen: ¿quién crees que es?, ¿qué estará celebrando?, ¿le falta algo?...
- Señala si el atleta se muestra contento o triste.
- Pega la pegatina de la corona de laurel sobre la cabeza del atleta vencedor.

PEGATINA

LOS ANILLOS OLÍMPICOS

LOS ANILLOS OLÍMPICOS SON EL SÍMBOLO PRINCIPAL DE LAS OLIMPIADAS.

NOMBRE: FECHA:

Ficha 9

- Observa la ilustración del modelo: ¿sabes qué son?, ¿conoces los colores que aparecen?
- Colorea los anillos olímpicos siguiendo el modelo.

LA MASCOTA OLÍMPICA

NOMBRE: FECHA:

Ficha 10

- Observa las mascotas olímpicas: ¿son todas iguales?, ¿en qué se diferencian?, ¿cuál te gusta más?
- Colorea las casillas de las mascotas olímpicas que más te gusten.

LA ANTORCHA OLÍMPICA

1

LA ANTORCHA SE ENCIENDE FRENTE AL TEMPLO DE HERA.

2

SE DIRIGE A LA SEDE OLÍMPICA PASANDO POR DIFERENTES ATLETAS.

3

FINALMENTE, LA ANTORCHA LLEGA AL ESTADIO OLÍMPICO.

NOMBRE: FECHA:

Ficha 11

- Observa las imágenes y descríbelas: ¿ves la antorcha olímpica?, ¿qué ocurre en la primera escena?, ¿y en la segunda?
- Fíjate en las imágenes de los troquelados y pega la pieza adecuada para completar la secuencia.

TROQUELADOS

LA VILLA OLÍMPICA

NOMBRE: FECHA:

Ficha 12

- Fíjate en la escena y descríbela: ¿qué crees que es?, ¿se parece a una ciudad?, ¿hay gente en el interior de algún edificio?, ¿qué están haciendo?
- Pica por la línea de puntos y dobla por la línea azul para descubrir cómo es la vida en la villa olímpica durante los juegos.

LA CEREMONIA DE INAUGURACIÓN

NOMBRE: FECHA:

Ficha 13

- Observa la escena y descríbela: ¿hay muchas o pocas personas?, ¿parecen contentas?, ¿qué crees que están celebrando?
- Completa el pebetero utilizando plastilina o papeles arrugados de colores para simular la llama.

LAS DELEGACIONES OLÍMPICAS

NOMBRE: FECHA:

Ficha 14

- Observa la ficha y descríbela: ¿quiénes aparecen?, ¿van todos vestidos igual?, ¿crees que son del mismo país?
- Fíjate en la bandera que aparece junto a cada grupo. Pega debajo de cada deportista la bandera correspondiente.

PEGATINAS

CANCIÓN

UN BUEN ATLETA

MUCHO ANTES DE QUE EMPIECEN
YO ME PONGO A ENTRENAR.
ME ESFUERZO CADA DÍA
PARA EN BUENA FORMA ESTAR.

TAMBIÉN ES MUY IMPORTANTE
UNA BUENA ALIMENTACIÓN:
COMER SANO Y VARIADO,
SIEMPRE CON MODERACIÓN.

P. G. AGULLÓ Y M. R. GÓMEZ CARRERA

NOMBRE: FECHA:

Ficha 15

- Escucha y aprende la canción *Un buen atleta*.
- Describe las escenas y colorea la casilla que muestra la acción que nos ayuda a ser buenos deportistas.

LA ALIMENTACIÓN DE LOS ATLETAS

NOMBRE: FECHA:

TROQUELADOS

Ficha 16

- Observa las imágenes de los troquelados: ¿qué alimentos aparecen?, ¿son todos saludables?
- Elige los alimentos saludables y pégalos sobre la bandeja que lleva la atleta para completar su menú.

LOS DEPORTES OLÍMPICOS

NOMBRE: FECHA:

Ficha 17

- Fíjate en los símbolos que aparecen en los modelos: ¿sabes qué deporte representa cada uno?, ¿cuál te gusta más?
- Completa las tablas de la parte inferior con las pegatinas.

PEGATINAS

ATLETISMO: CARRERAS DE VELOCIDAD

3	
1	
2	

NOMBRE:

FECHA:

Ficha 18

- Observa la escena y descríbela: ¿dónde están los atletas?, ¿qué hacen?
- Elige la pegatina del atleta correspondiente y pégala junto a la casilla que indica el número de la calle por la que corre.

PEGATINAS

ATLETISMO: SALTOS Y LANZAMIENTOS

NOMBRE: FECHA:

Ficha 19

- Observa la escena y explica qué ves: ¿sabes qué lugar es?, ¿qué están haciendo los atletas?, ¿alguno está lanzando algún objeto?, ¿y saltando?
- Señala con un gomet azul a los atletas que realizan un lanzamiento, y con uno rojo, a los atletas que saltan.

GOMETS

DEPORTES ACUÁTICOS

VELA

NATACIÓN

WATERPOLO

REMO

NOMBRE: FECHA:

Ficha 20

- Observa las fotografías de la ficha y descríbelas: ¿conoces estos deportes?, ¿dónde se practican?, ¿qué hacen los deportistas en cada escena?
- Señala con un gomet el deporte que más te gusta.
- Repasa las vocales que contiene el nombre del deporte que has escogido.

GOMET

GIMNASIA ARTÍSTICA

NOMBRE: FECHA:

Ficha 21

- Observa las imágenes: ¿qué están haciendo estos deportistas?, ¿qué aparatos usan los gimnastas en la primera serie?, ¿y los de la segunda?
- Completa las series con las pegatinas.

PEGATINAS

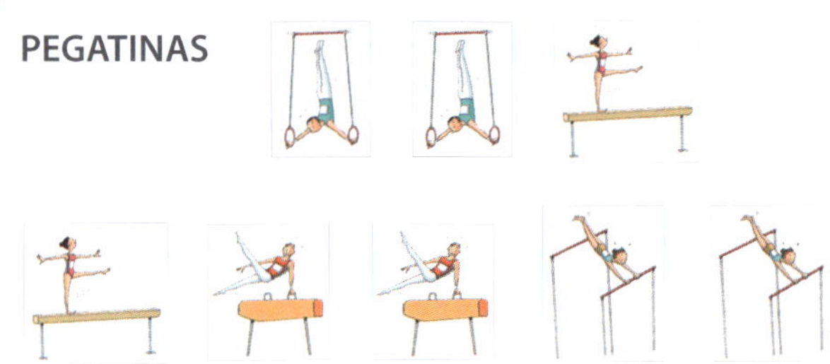

GIMNASIA RÍTMICA

NOMBRE: FECHA:

Ficha 22

- Fíjate en las gimnastas que aparecen en la ficha: ¿están todas utilizando el mismo aparato?
- Cuenta y escribe la cantidad de gimnastas que usan el aro en cada grupo. Después, cuenta y escribe la cantidad de gimnastas que han salido al tapiz para realizar su ejercicio.
- Realiza la misma actividad con las gimnastas que utilizan la cinta.

BALONCESTO

NOMBRE: FECHA:

Ficha 23

- Observa la escena y descríbela: ¿a qué juegan estas deportistas?, ¿cuántos equipos hay?, ¿qué intenta hacer la jugadora que sostiene la pelota?
- Rodea a la jugadora que tiene el balón.
- Coloca las pegatinas para señalar la trayectoria de la pelota hasta llegar a la canasta.

PEGATINAS

FÚTBOL

NOMBRE: FECHA:

Ficha 24

- Observa y describe la escena: ¿qué deporte están practicando?, ¿por qué lo sabes?, ¿ves algún elemento que no debe estar en la escena?
- Busca y rodea los tres errores; explica por qué lo son.

OTROS DEPORTES OLÍMPICOS

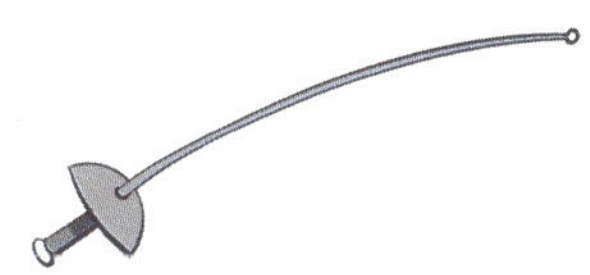

NOMBRE: FECHA:

Ficha 25

- Observa a los deportistas que aparecen en la ficha: ¿sabes qué deporte practica cada uno?, ¿qué les falta para poder competir?
- Estampa huellas para unir a cada deportista con el objeto que necesita.

LA MARATÓN

NOMBRE: FECHA:

Ficha 26

- Observa y describe la imagen: ¿qué están haciendo estas atletas?
- Cuenta y escribe el número de corredoras que están compitiendo con el mismo color de pantalón (azul, rojo y verde).

EL PODIO DE LOS GANADORES

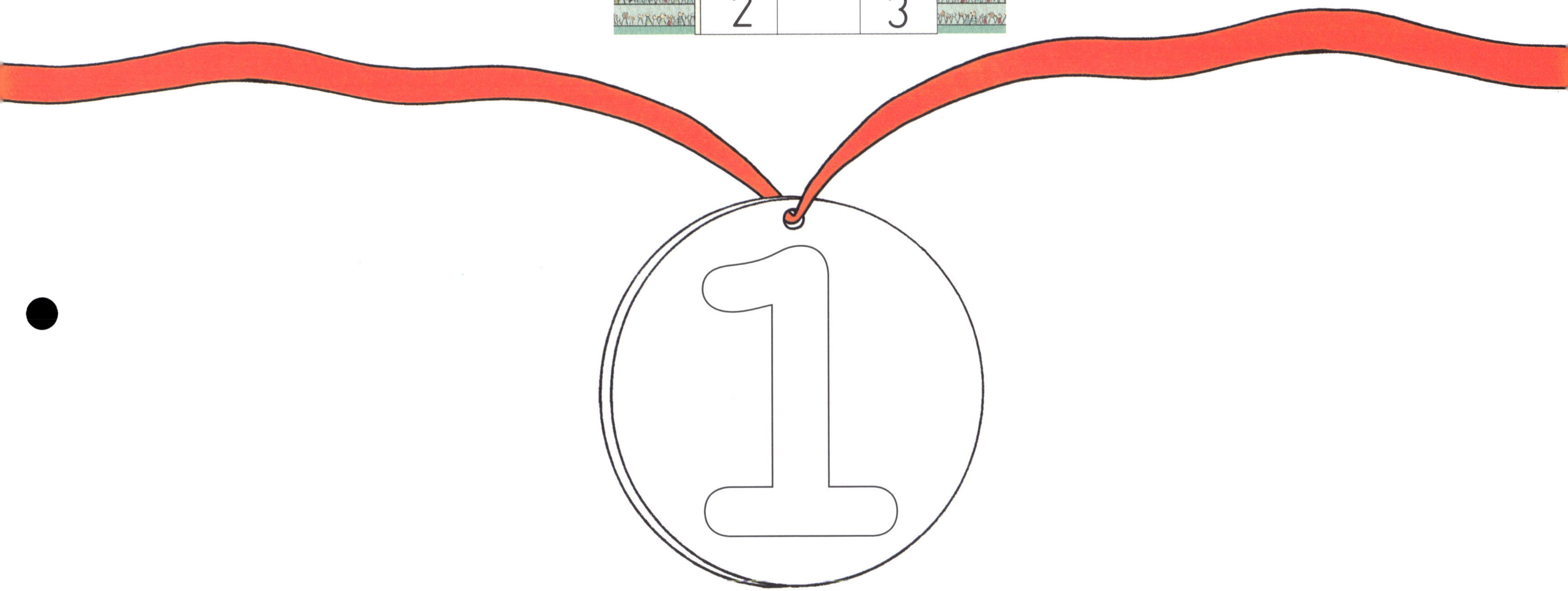

NOMBRE: FECHA:

Ficha 27

- Observa la imagen y descríbela: ¿dónde están los atletas?, ¿qué lleva cada uno colgado del cuello?, ¿todas las medallas son iguales?
- Fíjate en la medalla del campeón que aparece en la escena y pinta la medalla grande del color adecuado.
- Esparce un poco de cola blanca sobre la medalla de oro y espolvorea purpurina dorada para terminar de decorarla.

POESÍA

CEREMONIA DE CLAUSURA

ESTÁ SONANDO LA MÚSICA,
HAY UN AMBIENTE ESPECIAL.
SALEN TODOS LOS ATLETAS
PORQUE QUIEREN CELEBRAR
SUS VICTORIAS Y PROGRESOS,
Y TODAS LAS COSAS BUENAS
QUE GANAN CON SUS ESFUERZOS.

P. G. AGULLÓ Y M. R. GÓMEZ CARRERA

NOMBRE: FECHA:

Ficha 28

- Escucha y aprende la poesía *Ceremonia de clausura*.
- Observa y describe la fotografía: ¿qué lugar aparece?, ¿crees que están celebrando algo?
- Completa la expresión de la cara según crees que se sienten los deportistas cuando participan en esta ceremonia.

LOS JUEGOS DE INVIERNO

ESQUÍ

HOCKEY

PATINAJE ARTÍSTICO

SNOWBOARD

NOMBRE: FECHA:

Ficha 29

- Observa las fotografías y descríbelas: ¿sabes qué deportes son?, ¿dónde se practican?
- Pinta del color indicado el marco de cada foto según el lugar donde se practica cada deporte.

CUENTO

REBECA TAMBIÉN PUEDE

NOMBRE: FECHA:

Ficha 30

- Escucha el cuento *Rebeca también puede*.
- Observa la imagen y explica qué ves: ¿quién crees que es Rebeca?, ¿qué está celebrando?
- Pega los troquelados para completar la escena del cuento.

TROQUELADOS

LAS OLIMPIADAS ESCOLARES

NOMBRE: FECHA:

Ficha 31

- Observa las imágenes y descríbelas: ¿quiénes aparecen?, ¿qué hacen?, ¿todos actúan de forma adecuada?
- Coloca una cara sonriente bajo las imágenes que muestran una acción que consideras adecuada y una cara triste bajo aquellas que muestran un comportamiento incorrecto.

PEGATINAS

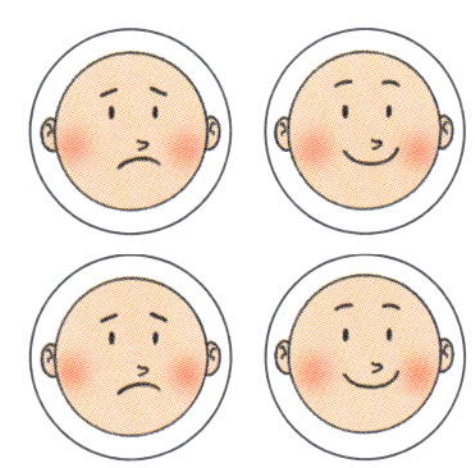

MI DEPORTE FAVORITO

NOMBRE: FECHA:

Ficha 32

- Recuerda los deportes que has conocido a lo largo del proyecto: ¿has practicado alguno?, ¿con quién?, ¿cuáles son los deportes que más te gustan?
- Realiza un dibujo de tu deporte favorito; después, muestra y explica tu dibujo al resto de tus compañeros.

DIPLOMA

HA PARTICIPADO EN LAS OLIMPIADAS ESCOLARES CON DEPORTIVIDAD Y HA TRANSMITIDO VALORES, COMO LA AMISTAD, LA SOLIDARIDAD O EL COMPAÑERISMO, A TRAVÉS DEL DEPORTE.

NOMBRE: FECHA:

Ficha 33

- Observa la ficha: ¿qué crees que es?, ¿alguna vez te han entregado un diploma?, ¿por qué?
- Escribe tu nombre para completar el diploma.

DIBUJO DE LAS OLIMPIADAS

(DESPUÉS DEL PROYECTO)

NOMBRE: FECHA:

Ficha 34

• Haz un dibujo de las olimpiadas según lo que has aprendido.

¿QUÉ HEMOS APRENDIDO?

•

•

NOMBRE: FECHA:

Ficha 35

- ¿Qué habéis aprendido tú y tus compañeros sobre las olimpiadas? Comentadlo.
- Pega en la ficha el listado de las cosas que sabéis ahora.

LAS OLIMPIADAS

ESTE ES EL TRABAJO QUE HEMOS HECHO SOBRE **LAS OLIMPIADAS**.

SI TENÉIS TIEMPO Y GANAS DE APRENDER MÁS COSAS ACERCA DEL TEMA, SOLO NECESITÁIS MIRAR ESTAS FICHAS CON ATENCIÓN.

____________________________ OS LAS EXPLICARÁ.

NOMBRE: FECHA:

Ficha 36

- Escribe tu nombre en esta carta.

6

8

14

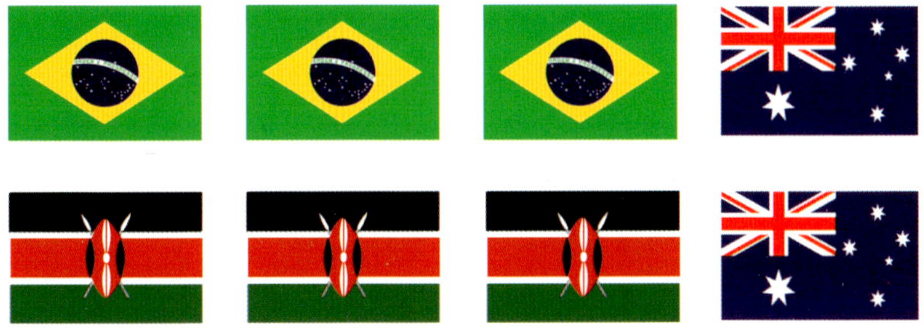

17

18

19

20

21

23

31

995873 - 811664 - 1/1

11

16

30

811649 - 1 / 2

995874

811649 - 2 / 2

995874